AF599897

GRAFFITI

POESÍA

HUERGA & FIERRO EDITORES

HUERGA Y FIERRO EDITORES, S. L. U.
C/ SEBASTIÁN HERRERA, 9
28012 MADRID (ESPAÑA)
TELÉFONO: 91 467 63 61
E. MAIL: huerga@huergayfierro.com
WEB: www.huergayfierro.com

PRIMERA EDICIÓN
2024

DISEÑO DE ÁNGEL LUIS VIGARAY

DEPÓSITO LEGAL: M-13170-2024 — I. S. B. N: 978-84-128764-5-1
IMPRESO EN ROMADAC Industria del Libro.
IMPRESO EN ESPAÑA

CARTAS DE AMOR A LA HIJA DEL RENEGADO KAUTSKY

Antonio Merino

CARTAS DE AMOR A LA HIJA DEL RENEGADO KAUTSKY

ANTONIO MERINO

GRAFFITI

HUERGA & FIERRO EDITORES

A María

Viajó. Conoció la melancolía de los barcos, el despertar helado bajo las lonas de las tiendas, el aturdimiento de los paisajes y de las ruinas, la amargura de las amistades recientes e interrumpidas.

Regresó. Frecuentó el mundo. Tuvo aún otros amores, pero el recuerdo del primero les volvía insípidos; además, la vehemencia del deseo, la flor misma de la sensación se había perdido. Las ambiciones de su espíritu también habían disminuido. Los años pasaron; y soportó el peso de su inteligencia y la inercia de su corazón.

GUSTAVE FLAUBERT

SABIÉNDOTE LEJOS, COMO SIEMPRE TE HE SENTIDO

En 1988 formé parte de un equipo de expertos de 12 países que creó y dirigió Merino para facilitar el proceso de paz en El Salvador. De ese grupo, formado por 23 personas, solo se salvaron 16 después de haber sufrido una escaramuza del ejército y los paramilitares salvadoreños, cerca de la ciudad de Santa Ana: dos canadienses, un alemán, una finlandesa, cuatro franceses, seis salvadoreñas (todas enfermeras) Merino y yo, que me uní al grupo como miembro de la Brigada de Paz enviada por el gobierno de Costa Rica. Ahora, pasados los años, convertida en abuela de una maravillosa niña náhuatl, puedo decir con toda naturalidad que siempre estuve enamorada de él. Eso lo sabían todos, incluso mi marido y mis hijos, todos lo sabían y yo no podía hacer nada por evitarlo. Adentrarse con él en misiones que tenían toda su carga suicida hacía que me sintiera como la mujer más dichosa del mundo, pero también como la más irresponsable y egoísta. A él le debo todo lo que soy y todo lo que dejé de ser, y aunque odio hacer este tipo de artificio biográfico que a mí nada me dice, él jamás me dejaría hablar de otra cosa que no fuera sus poemas, o de las noches de luna llena junto al maldito Río Coco antes de volver a nacer por segunda vez, ¿te acuerdas?

CARLA HYDE

¿POR QUÉ LAS MUJERES MALAS HUELEN TAN BIEN?

Conocí a Gloria Engelbert[1] en casa del poeta Nicolás Guillén, cuando éste ya apenas si podía reconocer a sus amigos, devorado por esa maldita enfermedad que convierte al olvido en el más cruel de los amantes.

Me la presentó Manfred Feldmann, agregado cultural de la embajada de la desaparecida RDA (República Democrática Alemana). Gloria vivía en La Habana desde hacía poco más de cuatro años y trabajaba como traductora en la editorial Letras Cubanas, en su sede del maravilloso Palacio del Segundo Cabo. En aquellos años de plomo, donde todo era difícil y angustioso, Gloria sabía ubicarse en la vida de los demás y disfrutar al sentirse observada como un animal de rara belleza. Ahora puedo entender la simplicidad de una relación tan poco dada al consumo interno de los recuerdos, pero en aquellos días que se consumían, golpeando como tediosas gotas de lluvia sobre las ventanas de una sucia habitación de hotel, aún se podía sentir el olor del salitre reptando hacia las higueras que depositaban su perfume entre los pliegues de una blusa abierta como una luna rota.

Todo lo que pude amar lo aprendí del dolor de esta mujer y ese dolor me hizo sentir desgraciado, cínico, des-

---

[1] Gloria Engelbert, que tomó el apellido de su marido, un ingeniero suizo fallecido en 1979, era hija adoptiva de Karl Kautsky y de Louise Ronsperger (su segunda esposa). Considerado junto a Bernstein como uno de los padres de la socialdemocracia, Kautsky se opuso a las tesis más ortodoxas de la II Internacional, siendo atacado por sus antiguos compañeros (como Rosa Luxemburgo y Lenin), los cuales le tacharon de "oportunista renegado". Sus tesis programáticas fueron adaptadas, años más tarde, por parte de los movimientos democráticos surgidos de la II Guerra Mundial. Aunque yo, entonces y ahora, me he considerado como un discípulo de Hegel y de Lukács, nunca hablé de política con Gloria, obviando cualquier referencia a su padre, pero sí de filosofía y de teoría literaria, ya que ella, como filóloga, era una gran conocedora de autores como Arnold Hauser, Thomas Mann, o sobre el expresionismo alemán. lo cual no deja de ser una maldición, ya que no conozco mayor tortura que escuchar la música de Schönberg mientras la mujer más hermosa de toda La Habana te susurra al oído tristes versos de Rilke.

agradable y sin más límites que el que me proporcionaba el estar en pie cada mañana. He de suponer que era solo el pesimismo de la razón, puro artificio de amor confundido, aunque ella supiera que jamás podría mirarle a los ojos sin cuestionar mi poca capacidad para engendrar afectos, más allá de desear hacer desaparecer todo cuanto he sido sin mirar atrás.

Pero no es verdad. Hay un grado de extravagancia en el amor que lo mantiene vivo el tiempo suficiente como para planificar futuros compartidos. A decir de Heli Kuosmanen (que años más tarde se convertiría en mi compañera) había confiado demasiado en un sueño que solo se mantendría vivo a través del recuerdo. Razón de más para acrecentar mis deseos sobre un presente cada vez más incierto. Entonces, ¿qué quedó de aquellos fuegos compartidos, deseados, impredecibles?

En una ciudad como La Habana, donde todo ocurre por casualidad, la vida no se detiene y pasa tan deprisa que cuando quieres darte cuenta ya eres viejo y dejas de cumplir años.

Así lo entendía entonces, cuando empezamos a romper los relojes en las eternas noches del Hotel Capri, frente a la casa de mi amiga Mercedes Ferrer, bruja de Camajuaní. Y junto a ella la eterna compañía de esos amigos que, poco a poco, se han ido despidiendo de mis ojos sin hacer olas: el maestro Cintio Vitier, poeta nacional de Cuba que adoraba las naranjas. El fotógrafo "Chino Lope", que inmortalizó al comandante Camilo Cienfuegos y a Julio Cortázar para mostrarnos qué es eso de la eternidad. Robert Rauschenberg, el pintor tejano padre del Pop-Art norteamericano, que me llamaba "Toñín" por pura jodedera. Manfred Feldmann, que con los años y sin patria acabaría de barrendero con un miserable sueldo del Ayuntamiento de Bremen en la ya unificada Alemania.

Las dotes diplomáticas de Manfred eran tan extraordinarias que, años más tarde, cuando se integró como intendente en el equipo de intervención en El Salvador, pudimos comprar a los panameños una avioneta Cessna, de fabricación española, desmontada por completo, pieza a pieza, y camuflada entre sacos de café en camiones alquilados a los canadienses, desde Costa Rica hasta el golfo de Fonseca[2]. Alma, su hija, me contó un día que sabía de mí y de esa aventura por una arrugada foto que encontró en su cartera, dos días después de morir arrollado por un viejo tren de mercancías, el mismo día que cumplía 64 años.

Allí estaba él, embozado con un sombrero imitando a Farabundo Martí, y a su lado Carla Hyde, vestida de "amazona", como recién salida del rodaje de una película de Hollywood, y la pequeña Kuosmanen, con sus ojos achinados, y Bernard, que además de ser nuestro transportista fue, durante meses, mi sombra canadiense.

Carla lo ha contado, a su manera, pero lo ha contado, algo que jamás pensé que hiciera. Los trágicos acontecimientos de Santa Ana se volverían a repetir en Nicaragua, en el Río Coco, junto a la frontera de Honduras. Y Manfred, inseparable, también quiso estar allí, enfermo y sin poder bajarle la fiebre que lo devoraba por dentro.

Se caminaba por la noche, sin más luz que la luna llena, o una diminuta linterna de petaca que manejaba como un juguete un capitán "nica" de 18 años. Esta vez, a pesar de las reticencias de unos pocos, no quisimos sorpresas. Todo el equipo, más de 40 personas, incluido el personal sanitario cubano, fue adiestrado en el uso de las armas ligeras. Después de dos semanas cualquiera podía desmontar un AK47 soviético en 14 segundos.

Conquistando la corriente del río, con los pies llenos de heridas y envueltos en una rojiza nube de mosquitos, vimos

[2] Gracias a esa destartalada avioneta, cuyos asientos habían sido sustituidos por cajas de madera que todavía conservaban el sello de la Oil Company, pudimos realizar más de cincuenta misiones transportando medicinas, carne china enlatada y leche en polvo que comprábamos a bajo precio en la embajada de México. La "Malinche", que es como llamábamos a la avioneta, tuvo una larga vida, hasta que fue abatida el 6 de marzo de 1989 por un misil tierra-aire disparado por la "contra", cerca de Estelí. Muchos pensaron que yo iba en ese vuelo pero lo cierto es que hacía meses que me encontraba en la costa de Bluefields, en el Atlántico Sur. De la avioneta nada más se supo y menos de sus seis ocupantes, entre ellos mi amigo Cruz, jefe de prensa de la Embajada de Chile.

cómo se descolgaba la tarde advenediza bajo una ráfaga de luz cegadora que nos trajo la lluvia y el fuego. ¿Será hoy un buen día para morir? ¿Qué valor puede haber en estar vivo sin proponérselo?

Al cabo de media hora, cuando la cara te arde y las manos se te han llenado de ampollas, sueltas el arma como si te desprendieras de un juguete roto y rompes a llorar, de rodillas, con ese temblor que sube de las entrañas.

Decía Virginia Woolf que nada ha sucedido realmente hasta que se recuerda. Durante mucho tiempo se me olvidó vivir y, sólo el olor de Gloria podía sospechar el regreso a la ciudad de la que si sales es para no volver.

Pronto aprendí a cerrar los ojos, a distinguir las sombras de mis pesadillas, a esconder los temblores de las manos bajo los versos que algún día escribí desde este maravilloso naufragio que me ha devuelto los nombres que ya nadie recuerda, como si entre todos ellos pudiera reconocerla.

¿Y si fuera verdad?

¿Y si fuera verdad que esos nombres ya nadie los recuerda?

Tengo miedo.

Te amé,
y no tengo prisa para decírtelo.

Aquello le tuvo que doler mucho, dada la dignidad con la que llevaba su vergüenza y el color de unas mejillas que al hablar se encendían sacando a la luz los secretos de su desesperación.

Aflige en rigurosa desdicha
conquistar a señora
voladora de encajes.
No ignoro a muchos
que asienten de manera tal
por cobrar renta y sustento
porfiando el sudor
del que desprecia su talento.
Zumban a su alrededor
mostrando con atrevido remedo
ventura y osadía.
Las hay a gusto
del que las procura.
Flacas de hacerse ver
sin encontrarse.
Viudas de enseñar escudo
herencia y blasón de armas.
Matadoras de alcoba.
Gordas de desear sombra.
Eternas portadoras de lágrimas
acosadas en valiente llanto.
Paisaje, no geografía
de llevadera caza
o puras lindezas de
trémulo galán
ignorante de su descuido.

Alcanzada ya la presa
en necio engaño

a su seguro socorro
se deja ver el escondido
rubor que flama.
Concertada la cita
sin quebranto de palabra
la sangre pena en su seguir
a la noche que cae toda
persiguiendo estrellas.
Se visita la hora, el lugar,
la hermosa celosía
de recargada muestra
de la señora que la habita.
Pende la cuerda, que no soga,
alentadora de pasados días
atisbando el punto por donde aferrar la vida.
Sube el incauto. Ella lo mira.
Del primer salto
como merino que se encabrita
queda la sombra en vuelo
bailando su alegría.
El segundo no se recuerda.
Del tercero contar queda.
Al cuarto, sin medir
distancias ni alturas
apuesta por el cielo
que tan cerca le espera.
Brinca la mano salvadora
a un paso de quedarse muerta.
Con digno disimulo se sienta.
Por parecer parece
que acaba de entrar
por la puerta.

Se piensa de lejos
insinuando ausencias
que lejos quedan.

Toda la vida tentando
a la providencia
y la providencia llega
aferrada a una cuerda.
Al momento busca el primer
botón
que en alborotado júbilo
rueda.
Maraña de cuerdas
alfileres de mil colores
que la sujetan.
Darán cuenta las del alba
contando hasta cuatro
por ser hombre de letras.
Conquista digo
por robar palabras
al envés de su desdicha.
Si se trocase en loco
no habría lamentos ni risas,
más
¿es cuerdo quedarse en atrevida
suerte por soñar con aquello
que la realidad nos devuelve?
Suplica él. Insiste ella
abrazada a un mar de enaguas
que caen, una tras otra,
en cortés lamento de iglesia.

Maldición. Aquí te quedas.
No te desmayes mi amor.
Flota.

Tu sombra está llena de novios y yo me ando enamorado de ella. De la sombra.

Atenta el mirar
en trance de visita
ofreciendo ocasión y descuido
al que te observa.

Mirar es darse de a poco
en calidad de gente
sin premura ni osadía
que mueva al ojo quieto
y avise al que te guiña.

Ocasión hay para quedarse en disimulo,
presto, quieto,
sin hacer humo,
y escuchar la riña
que de dos en dos
en la cara prenden.

Justo sería
andar de paso
y hacerse breve sin reparar.
Tan justo que no llego
me paso.
Camino y quedo.
Fijo en ti y meto palabra
en riesgo de serme fiel
a lo que siento.

Alarmado queda el pecho.
Sudo.
Me pongo serio.

Entrar entro.
Palpo el silencio
sin mediar en su consejo
y lanzo el pie
tras el paso mudo
que se oye lejos.

¿Nos conocemos?

Cuando hacía el amor le crujían los huesos, y uno siempre tenía la extraña sensación de que alguna afortunada metamorfosis se iba a producir. Desgraciadamente esto no ocurría nunca, ya que siempre volvía a su estado natural: se solidificaba.

Debería ser prudente
de los atributos que cancelan
el embozo de tu sonrisa.
Iluminados alfanjes
que cortan el cielo
sin más acero que la hermosa
vaina que se endurece
al tacto de tu justa alabanza.
Me descubres sin consuelo
en este humano entrar
de hábitos sin costumbre
bajo luna mora
que pudiera conservar olvido
de haber estado en ella.
No bendigo
los cantos y la trompetería
de pasadas andanadas
por vender el agua
sin cántaro que la alegra
en su trotar suave.
Miedo tengo y miedo es palabra
que acude sin anunciarse
bajo te peso
o postura que celebrar pudiera
sitiado como me tienes
al borde de no respirarme.

Espatarrada en breve entrega
del su durísimo combate ponderan
mis huesos aliento
que el mundo me regresan
con aliviado placer.
Inútil el auxilio
que gime de sus favores
tendida en brusco espanto
amanecido solo
sola de llamarte
sin testigos que anuncie
mi pregunta muda.
¿Será otro el ladrón de mi fortuna
que rinde ser dueño de ella
sin conocerla?

Al desnudo afecto vuelvo.
Incorpórase el silencio
de su natural estado
y en íntima quietud
alzo mi mano que señala
sin gesto
el punto exacto de tu encuentro.

Ella sentía un vértigo espantoso a las alturas pero, a diferencia de los demás, era tan solo cuando miraba hacia arriba, lo cual le daba un cierto aire de locura pasajera que cedía en la medida que sus pies terminaban por ausentarse de la tierra y caer al suelo desplomándose. Era, lo que se dice, una mujer imprevisible.

Cómo me ardes
de contento fuera
de mí,
silenciosa, cerrada, muda
cancela,
apagada al rumor
de mi abrigo con desnudo
vivir,
alimentándote entre sueños
que frecuentar pudieras
a mi lado,
calor prendido
del mundo que cabe todo
en sombras.

Estamos, digo,
creciéndonos sin dar
cuenta,
de quedarme quieto ya
sin retorno
dirección o pérdida
de encontrarse en otra
soledad
a la última anterior
que me visita,
perdida como está
al punto de ser
como yo la siento.

De todo lo que mana
adentro
supongo en estado
que es mío sin asustar
a nadie
y si algo alegra
en jornada de quererme
mucho
siento los ojos
a su abrazo y callo
bailando en otro corazón
que suene solo.

Remonto el resto
sin buscarme
los jamases
y prosigo de comienzo
al poniente del espejo
en palabra que sospecha
mi partida, sin adioses,
sin viento, sin noche,
sin alma, al silbo
de otro cuerpo donde estés
reconocida y nombre.

Ella lo sabía. Levantó la cabeza de mi hombro y antes de que pudiera hablar hizo un gesto con la mano que yo atendí solícito. Entonces fue cuando pensé que con unos labios así lo único que se podía hacer era rogar que fueran besados, o soñar con fabulosos instrumentos de viento y , de esta forma, acrecentar su deseo.

Miento
si me quedo al estorbo
de mi rebeldía
desatando a los naturales
que llaman demonios.
Tembladera de huesos
tomando al recuerdo en presente
si finge ser suya
la vida y la muerte
que llevan vuelo de encontrarse
en mi edad sin años
por elevada altura
que a su amor presta.

Siempre he deseado
conversar en tono
que complace al oído
sin aliño ni aderezo
a las palabras que cabalgan
solas.
Mal montura les doy
si tropiezan en mi lengua
y danse de bruces
contra el rostro del que las escucha.
Queda ella lela.
Quedo yo lelo de ella
y en alelado anhelo

suspiramos recordándonos
desde el fondo sin tocarnos
el alma o prodigio
que aparentar pudiera.

Apenas fue ayer
historia no noticia
de ti
apartada al sobresalto
del hueco que dejas
como nunca.

Estoy a oscuras
en tentación de darme
efímera muerte
por el andar oculto
de tus manos que me rondan
la caricia sin gozarme.
Puro temor a ser tu triste
burla de mi visita
dejada al ingrato conocimiento
de pensarte mucho
sobre fabulosos ángeles azotados
al mal de tu partida.

Me avengo a la hacienda
del solo
que es buen magisterio
de enseñar raspaduras y quebrantos.
Favorece ser huésped
de tan oportuna miseria
entre los mortales que moran
tu boca
si de final pongo punto a la vida
y regreso a la muerte
que me llama celosa de entregarme

a ella
como jamás me he entregado
a mujer alguna.

¡Qué piadosa espera
ha de ser la tuya
dueña de mi última lágrima
eterna!

Cuando la conocí era rubia y aún hoy lo sigue siendo, a saber por estas fotografías que me manda, de tarde en tarde, desde un país lejano de los que tan solo aparecen en los sellos de correos y al que cada noche regreso llevado por la memoria de los barcos y el sueño.

No soy sin ti
nada.
No importa la riña
el desdén que obra
en conocimiento
por causa ajena,
si alcanza venirse a la verdad
y poner defensa
por la merced recibida.
Templando el instrumento
cautivo de añoradas alacenas
sufre el cuerpo
en humilde precio
de su servidor.
Airadas soledades
del poderoso genio
que adentro habita
ya que no ofende sentirse
a la baja
que para la alta
siempre hay tiempo y cuidado
pues siendo pobre la embajada
de apurados juramentos
vánse todos a su mortal cuna
para dar mayor satisfacción
al entendimiento.

Saber de ti
me arde en duda.
Eres dueña de mi estima
por los años que me restan.
Dueña y señora de los sueños
que te nombran
en señal tuya.
De lo demás callo
por no tentar a los ojos
que saltan al agua
en brioso espejo.
Con inmortal don dejo
a tu presencia
las palabras que adornaron
boca
y socorro al huido ciego
que en mi se toma
juicio y condena.

Repórtate mujer.
Derrámate en la lengua.
Gira en mi desorden
y hazme hembra.

El doble de cada uno está escondido en la barriga de las palabras. Por eso ella siempre tenía un nombre que jamás pronunciaba por temor a que un día pudiera desaparecer con él.

Habiéndome quedado
en desatino
o en sueños de extrañarte
venida a mis ojos
la noche posó su negro
en mi negro asiento.

al decir que me hallo
es encontrarme en duelo
y soledad de doble duelo
que para pronunciarte tengo
la gracia del herido
y la felicidad del preso.

No escapo por pensamiento.
Huyo en desigual batalla
por mostrarme diestro
en el intento.
Darme sentencia puedes
temor y duda.
Al recuerdo queda reparar amparos
resistiendo
que no quedo de ti
haciendo voluntad
desde tu nombre
en súbito contento
venido en cueros
para ahuyentar penas
bordadoras de mundos.

Qué gesto el tuyo, cuando sacudiste la cabeza para decir no al espejo que te devolvía el rostro con entregado placer.

No es por ti quien espero
al amor confundido
si no es amor querido
que por tu bien deseo.

Pues
acaso de todo sentir
pudiera esconderte
clamándote sin verte
irme en feliz vuelo
acostumbrado de ser
sin mirarme en tu espejo
que devuelve el don
y la fortuna.

Alas que procuran tus alas
sin levantarme el consuelo.
Nunca más pediré encuentros
si al encuentro llamas y voy
llamas y espero.

Era tan joven que, a decir de ella, crecíanle oscuros sentimientos reptando hacia mágicos y extravagantes olvidos.

Aunque al cabo de todo
el fin no tiene lugar
ni acomodo de verme
tendido sobre lecho que arrulla
temblores y sueños
puede el cuerpo hacerse suyo
y dejarme en grandeza de otoño
que al caer suspira y gime.

Siento entrarme en tu herida
abierta con voluntad
de saberme dentro.
Tomar enfado en tu costado
y hundirme lejos
de manera tan parecida al sueño.
Cerrar ojos, boca, tiempo.
Apartar brazos, pies, manos, silencios.
Quedarse húmedo
de toda humedad que manas
y durar cien años
como la madera al árbol
y no quedarse y permanecer
y estar
que es verbo confundido
con ser
y estar en tí
buscándome las vergüenzas
que de este extravío
perdí.

Siempre nos queda el recurso de poner nombre a los prodigios, aunque éstos no se produzcan nunca.

Notable está la noche
metida en fiesta.
Lo digo con moderado ánimo
por alusión al cielo
que porfía caerse
hacia abajo sin lastimar.

Si se rompiera de esa
nube
tocada a la antigua
que llaman usanza
bien sería yo dueño
de mis tripas
que se agolpan por curar
los afectos a la templanza
mal aprendida.
¿Templanza digo?
Haya decoro en las palabras
que a fuerza de ser bruto
me dieron tormento
grande, enorme, inmenso,
sin recordar dónde.

Desalentado soy
del vientre hacia arriba.
Holgada me queda ya el alma
perdida de su espejo
al soslayo de mi mirada.
¡Ni dulces alcorzas de la casta
Penélope
bastarían para dar forma

a tan excelente flaqueza!
Al quite están los desengaños que
porfían por volver
a la mesa muda.
Poco importa ser devoto de Señora
si con gran congoja
burlo el pan al día
y a la noche unto mis desdichas
de pobre caballero que ofreciéndolas
a sus anchas el mundo preñado
quedaría.
Si alcanza favor
que sea éste dado
no vayan a sospechar
que murmuro suertes
en ligero pensamiento.
De mi respondo. Cierto.
Mal pero respondo.
Fuerza acallar la desconfianza
de la mano que empuja
al peligro
y errar el golpe seco
de la atrevida costumbre
que llaman vida
sin conocerla.

Por hablar suave
me veo sin dientes
en provecho del tocino
que conmueve tanto.
Vacíos los calderos
ligan sus aporraduras
y de la tizne guisan
con amoroso hervor
mi agrio acento
semejante a su disculpa.

Digno embate diminutivo
desgreñado de luminarias
al futuro bien que tengo
por docto en asuntos del espíritu
si con garbo y gracia
sale al encuentro y no vuelve
por olvido que en mí se esconde.

A otro terrenal sueño
muere el interés que dicen
beber los que me saben
servidor de ellos.
Alzo la mirada
me recojo en el retrato
y asiento con justicia
al dolor que rueda suplicando.

Se traspuso, espontáneamente, y con sus ojos se cerraron todas las puertas que conducían al delirio.

No hay fuego
que adentro alcance
por arder en gracia de ti
concebida como estás en agrado
de llorarte toda entera.

Si vivir es ausentarse
sin regreso
quiérame la vida ofrecerte
caballo, paje y caballero.
Digo vivir que es cómodo
refrán que alcanza
y da para todos.
Mas digo éste vivir
con ajeno gozo sin convidarme.

No aspiro a quererte
al arrimo de locura
que es cosa sentida y fácil.
Puedo amar sin pellizcarme
con falta de ti
con olvido de ti
con sombra de ti
con antojo de ti.

No aspiro a quererte
por darte más amor
del que me escondes.
Sabes que estoy aquí
sin tornarme en otro
que suene a hueco.

Sin pedirte palabra
que tomara esfuerzo.
Sin darme más luz
que la llama que lamen
tus ojos
y me apagan la vida
sin llegarte.

Siempre pensé que había salido de un álbum de la fauna ibérica. Tenía los ojos saltones, como los de un besugo, y cuando cruzaba las piernas se desbarataba de tal forma que componerla de nuevo suponía ir a la conquista de insospechados mundos de rara belleza.

Pero yo la quería y hubiese dado cualquier cosa por decírselo. Decírselo sin tener que inventarla.

Puedo hablar de ella
como si ella
jamás hubiera existido.
Considerando que soy hombre
sin culpar a nadie
doy prisión a los núbiles recuerdos
que reparan solícitos
en confesada ayuda.
Justo sería alcanzarla
por encontrar edad y disculpa.
No basta con echarse en falta
cuando el deseo troca
en tormento
y aceptar como buena
la voluntad de su memoria
que en mi memoria acude.
Curado estoy de sentirme
viejo no antiguo
que viejos solo son los trajes
y yo me defiendo
con el palito al aire
en honrado nacimiento.

Hacer uso de la distancia
es encontrarse perdido
sin compañía.

Advierto que en casa
es vano intento
ofrecer las espaldas
sin desnudar el hueso.
Digo no por acallar al sí
sin disimulo.
Digo sí por felicitar al no
que me place de forma noble
en amistad ciega.
Busco encararme al rojo
y volver a las izquierdas
sin esperanzada ternura.
Qué feliz suerte al que pueda
su estado concertar
amor y miedo.
Aprender a estar
de persona
sin acompañar los extremos
y merecerse en oportuno
silencio
sin mudarse de tiempo.

Yo antes no era así, era peor. Me alimentaba de los rayitos de sol que caían por descuido sobre el cinc de mi ventana y escribía hermosos poemas de amor que a ella siempre le encantaban. Ahora, sin medir el tiempo, apenas si puedo recoger la oscuridad que lo envuelve todo y sigo escribiendo hermosos poemas de amor que ella detesta por aburridos y sin gracia. A pesar de todo, y en el mejor de los casos, soy optimista. Es decir, bebo, duermo poco, me doy a la soledad y pienso en ella.

Solo me complace el verte
en humana compostura
ya sea de pie
o de barriga
sin hacer pena que doliera
a quien la halle.

En razón he de entender
tu nombre visitándome
en la boca que nace y muere
y nace sorprendida,
que de a poco han de ser
las venidas que idas hay
a cientos si no desmerece
tu encuentro ni deseo ni señal
que se parezca.

Tienes tiempo.
Tienes mi tiempo de prestado.
Enajenado sería descubrirme
solo
sin envidiarte,
poner oficio a las palabras
y echármelas en pregunta
para ganarte el gesto
sin desmayos y sin desvelos

confiando a tu cuidado
lo que jamás he tenido en mano
ni tendré.

De este afán quiero dejar claro.
No es fe ni descuido el hablarte
en sano juicio.
Quiero pensar que estoy solo
a gusto de darme calentura
mas
si por ventura soy contento
entrometido, odioso, pulcro,
bueno, distraído, imprudente,
enfadoso, melancólico y tieso
es por buscarte del revés
lo que no encuentro del derecho.

No me digas a las malas
tu parecer de cortesía.
Dime que todo amor procura
comer el pan sin más
devoción ni ternura.
Dime que soñar no es
renuncio ni obligación
que sea deuda del bien
que me sirves en toda estima.
Que tengo celos de encielarte
a tan alto beso.
Que no merezco en tu seguir
violento
sin darte lucha.
Dime que por querer
me aniño,
disimulo el mal a la oreja
y me traigo la desdicha al bolsillo.

Dime que soy loco y te quiero.

Él escribía cartas que ella jamás leía. Tomaba el sobre entre sus manos y lo apretaba con fuerza contra el pecho. Después, pasados unos minutos, lo dejaba caer al suelo y se sentaba, dulcemente, a esperar a las palabras que de nuevo sonarían en su corazón y que le recordarían quién era aquel hombre al que jamás pudo amar por temor a desaparecer con él.

Si pudiese concertarte
a la espera de futuras
gracias
dueño sería yo de tu vida
que me canta en solísima
palabra venidera
de encantamientos.

Recatado uso tiene
tu letra menuda
acontecida al breve placer
que evoca y dicta
en liberar muestra
de generosa cordura.
Presta ayuda el saberse
reo de ella, de la letra,
en igual algarabía del manso
puño tendido sobre mesa
forjadora de sueños.
Cabe preguntarse sobre el curso
de la causa misma
que pende leyéndola sin burla
más no pregunto por darme
mudanza que asiente
mi torpeza.

Ansía conocer
lo que resta de tal letra
en borrón de mi presencia
por cuanto hubo de tí
libre del amor
que me aconseja.
Aposentos tiene el pensamiento
que dispongo a tu horizontal
manera.
A vueltas me dieron postura
y en sufrido trono
blandieron la duda al descubierto
de tu entrega.

Contento queda el asno
que por mí pareciera
ser como soy
puro andarme de lejos
y lejos seguir a tu estrella.
Acuérdate de mí,
del roto trato de mis manos,
de mi orgullo, de mi nombre
que apenas si recuerdas,
y si de todo sobra
que por faltar quede mi olvido
bordado en tu respuesta.

ÍNDICE

CARTAS DE AMOR A LA HIJA DEL RENEGADO KAUTSKY

Esta obra
se acabó de imprimir
con los auspicios de
Charo Fierro y
Antonio J. Huerga, editores

FINIS CORONAT OPUS